Aistear Anama

Tadhg Ó Caoinleáin

Mathew Staunton
a mhaisigh

The Onslaught Press

Arna fhoilsiú ag Onslaught
11 Ridley Road, OX4 2QJ,
An Ríocht Aontaithe

ISBN-13   978-0-9927238-3-5

Dearadh agus clóchur: Mathew Staunton
Le Monde Livre agus Le Monde Sans na clónna.

Arna chlobhualadh ag Lightning Source.

Admhálacha

Is mian leis an údar agus an foilsitheoir fíorbhuíochas a ghabháil le h-eagarthóirí na n-irisí seo leanas inar foilsíodh cheana féin cuid de na dánta atá faoi chlúdach anseo:

Scríobh: Model Arts & Nyland (Sligeach),
Crannóg (Gaillimh),
Bliainiris Scoil Iósaif (Baile Átha Cliath) agus
An Gael: Irisleabhar Idirnaisiúnta na Gaeilge (Brooklyn, Nua Eabhrac)

Clár

*I ndílchuimhne ar mo thuismitheoirí
Máire agus Tomás
a thug ionspioráid dom fad a mhair siad.*

Madra Freud

Seo mé ag crochadh clúdbhallaí is ag péinteáil
Is corr-uair ag rómhar nó ag lomadh sa ghairdín—
Is fearr dom bheith gnóthach na laethanta seo
In áit bheith ag síorthocailt sa neamhchomhfhios,
Ag scrúdú is ag athscrúdú is ag iniúchadh
Cad a thitfeadh amach dá dtarlódh seo nó siúd.
Glacaim misneach ón chré is óna bláthanna a fhásann uaithi—
Mé ag iarraidh smacht agus ord agus eagar a chur ar fhiántas.
Seo 'nois mé ag scrabhadh an tseanpháipéir le cabhair uisce
Is ag éisteacht le guth fíorbhinn Andrea Bocelli
Ag moladh na rómánsaíochta san Iodáilis—
Ní thuigim gach focal ach tuigim an paisean sa ghuth,
Fórsa na beatha agus fórsa na brí—
Anáil Dé agus tobar na cruthaitheachta.
Is í féith na cruthaitheachta leigheas ar an néal dubh a thiteann.
Glacaim chugam mo pheann nua-aoiseach, mo ríomhaire glúine
Agus scríobhaim liom chun faoiseamh a fháil—
Agus tagann sé toilteanach sna focail a thiteann ar an scáileán.
Go luath ar maidin téim i muinín an mhachnaimh
Agus titeann leigheas anama go tiubh tharam
Mar phluid shábháilteachta in am mo ghátair.
Go déanach san oíche téim i muinín an chodlata
Agus tagann na brionglóidí i mullach a chéile—
Incubi agus *succubi*, deamhain agus aingil—
Agus mé ag súgradh le madra Freud.

Geallúint an tSneachta

Rud rúnda, beagnach misteach míorúilteach
A tharlaíonn, ní go h-obann nó go scanrúil,
Ach go ciúin, caoin, séimh, síochánta
Cosúil le teagmháil leannán lá a bpósadh
Nó le láimh máinlia ar chréacht oscailte
Ag iarraidh an bhearna phianmhar a leigheas
Nuair a thiteann brat suaimhneach sneachta
Ar dhromchla éagothram na talún
Rud iontach, beagnach gan choinne,
Agus déanann aonad geal bán cothrom den iomlán
A fhágann an éagsúlacht ar lár
Agus a bhaisteann tosú úrnua ar an domhan,
Fíorthús an gheimhridh,
Agus galltrumpa don anam éirí
Le dóchas an earraigh.

Dathanna uile na mBláthanna

Bláthanna úra agus dhá shoitheach díobh,
Coinnle agus soilse ísle agus muidne ar an tolg
Agus guth iontach tarraingteach Luca Carboni sa chúlra,
An rithim bhreá rialta Iodáileach—
Gutaí oscailte agus dúnta
Agus muid ag éisteacht le fadhbanna a chéile agus eile
Agus screadaíl na ngirseach ag an gceolchoirm bheo—
Agus an t-amhránaí ag díol a anama leis an slua—
Anam ar díol, anam ar díol, anam ar díol,
Quanti colori di sassi e di fiori, di strade e di muri
Agus an guth éadrom ag mealladh an lucht éisteachta
An síol a ithe as a lámha.
Tú mar éinín beag bídeach eaglach i mo lámha
Agus mise dod' chiúiniú, dod' chur ar do shuaimhneas
Agus ár dteangacha ag cuimilt a chéile
Ar thóir an chompóird spiordálta,
Ag iarraidh breith ar an ngaoth.
Tá boladh breá úr ó na bláthanna is ó na coinnle.
Sar i bhfad múchfar iad agus rachfar a luí.
Sa dorchadas ní thabharfar faoi deara
Dathanna uile na mbláthanna.

Ciúnas Croí

Tá ciúnas de dhíth orm i ndiaidh challán an lae,
I ndiaidh an duine seo is an duine úd ag iarraidh
A ladhar a chur isteach im' shaol—
B'fhéidir gurb ormsa atá an locht,
Go bhfuilimse ró-ghoiliúnach, ró-shoghortaithe,
Ach bíodh sin amhlaidh nó a mhalairt,
Téim amach ag siúl im'aonar thart fán gcósta,
Agus faoi dheireadh thíos ar an gcé
Mar a gcloisim glór gruama an chuirliúin
Ar thóir faoisimh i gciúnas dubh na h-oíche,
Mar a bhfeicim an corr riasc rúnmhar
Ag fiach go socair ar liathchlocha na mara,
Mar a mbíonn boladh na n-éisc lofa
Ar crochadh in aer fuar na farraige,
Mar a dtéann an ghealach ina luí
I leaba luascáin na h-oíche ciúine.

Ansin faoi dheireadh thiar casaim i dtreo na soilse,
I dtreo an bhaile is mo thinteáin féinig,
Glacaim misneach agus suaimhneas aigne is croí
Agus siúlaim faoi sholas na réaltaí is na n-aislingí.

Caillte

Dom' mháthairse mar a bhí...

Anois is gach cuimhne glanta
De dhromchla éagothrom d'intinne
Níl puinn fágtha ded' phearsantacht,
Den duine stuama diongmháilte sin
A bhí ionat tráth ina raibh tú
In ard do réime sa teach sin s'againne
Is gach ní néata ina áit chuí—
Laethanta caillte úd m'óige
Is mé im' shuí ar thalamh lom garbh
An lána chúil ag comhaireamh
Na málaí beaga gainimh a bhí
Á gcur i leoraí beag agam—
Bronntanas Nollag—
Is tú i do steillbheatha
Ag crochadh suas an níocháin
Is ag canadh sean-amhráin go ciúin
Faoi d'anáil—gach rud in ord is in eagar
Agus Dia féin ar neamh ina áit chuí—
Tráth soineanta neamhurchóideach m'óige,
Caillte go deo gan filleadh.

Geata an Bháis

Fiú abairt iomlán níl ann dúinn anois
Ach corrfhocal i mullach a chéile
A scaoiltear chugainn ó do bhéal,
A Mhamaí dhílis nach bhfuil láidir níos mó.
Tá do shaol fada caite is tú fágtha leochailleach lag
Mar bhláth aonair ag feo i soitheach uisce,
Cromtha síos ró-mhór,
Ciall caillte nach mór,
Gan a fhios agat cá bhfuil tú,
Cár as thú, cé dar díobh thú,
Cá raibh cónaí ort tráth amháin nó eile.
Níl tús, lár ná críoch
Leis an lá ná leis an oíche
Agus ní bheidh choíche
Mar is é seo an t-idirshaol,
Sheol an Bhíobla Eabhraise,
Dúthaigh na marbh atá fós gan adhlacadh,
Tír an chlapsholais leanúnaigh,
Lán de scáilí nach scaipeann
Go dtí go ndúnfar geata an bháis.

Línte Gar do Theach an tSolais

Glao leanbaí na n-uan,
Ceol croíúil na n-éan,
Siosarnach síodúil na farraige
Ag pógadh carraigeacha ag bun aille,
Monabhar mall an easa ag titim síos
I síoraíocht na ndúl
Ar charraigeacha atá chomh seanda
Le Briathar Dé
Ag am cruthaithe na cruinne.
Anseo ar aillte Árainn Mhóir
Mothaím mar mhanach ar thóir
Eagna Dé i gciúnas a chroí.

Ciúnas Oileáin

Árainn Mhór, Samhradh 2003

Tá an ciúnas ag titim go h-éadrom anseo,
Chomh h-éadrom le drúcht maidine
Ag tús samhraidh bhreá—
Táim fós i mo pháiste óg
Roimh bhlas na bpóg
Le meangadh gealgháireach ar mo bheola.
Nuair a amharcaim isteach i súile m'óige
Beirim greim ar m'anam
In eangach shíogach na samhlaíochta.

Tá an ciúnas ag titim go h-éadrom anseo,
Chomh h-éadrom le láimh linbh ar leiceann máthara,
Is mé sa lána cúil ag áireamh póiríní,
Á gcur go cúramach i leoraí stáin.
Níl éinne ann, níl éinne ann,
Ach mé féin go lúcháireach
Ag comhaireamh malaí beaga gainimh
Is buarthaí imithe le sruth.

Tá an ciúnas ag titim go h-éadrom anseo,
Chomh h-éadrom le guth binn ainnire ag ceol
Ag am marbh na h-oíche,
Roimh theacht na ndeor,
Roimh racht na stór
Is mé im' dhéagóir soineanta
Ar imeall an domhain ollmhóir.

Tá an ciúnas ag titim go h-éadrom anseo,
Chomh h-éadrom le póg mo sheanmhátharsa
Ar leaba a báis fadó,
Chomh h-éadrom le póg an úrghrá,
Chomh h-éadrom le h-aoibh bheag
An linbh úrbhreithe,
Is glacaim leis mar ghrásta Dé,
Fial, flaithiúil, fairsing, neamhthuilte
Ar aigéan mór na n-iontas.

Tá an ciúnas ag titim go h-éadrom anseo,
Chomh h-éadrom le gréasán damhain alla
I gcúinne rúnda an lochta.
Tá bosca mór bréagán na gcuimhní ann
Is teacht orthu furasta go leor—
Gheobhfar an eochair in ithir thorrthúil an anama.

Oilithreacht

Nach breá tabhairt faoi thuras nua,
Bothar nua suas na cnoic,
Cnoic chlochacha oileánda sceirdiúla,
Turas aonarach timpeall an chósta
Is na h-aillte gormliatha ag titim síos,
Síos, síos chun na farraige fairsinge
Agus éanlaith na spéire ar foluain sa ghaoth
Agus aon bhád seoil amháin
Amuigh ar an mhuir mhór.
Anseo is ansiúd na locha gorma fáilteacha
Ag glioscarnaigh i solas na gréine
Agus fo-charn móna ag triomú ar na cnoic,
Beirt asal thanaí i ngort clochach
Agus glao na n-uan eaglach
Ag fáiltiú roimh chách aníos chucu.
Mura mbéadh na carrannaí is na tarracóirí
D'fhéadfá bheith ar ais in aimsir Chríost,
Nó ní ba luaithe, ag tús na síbhialtachta
Ar chósta iargúlta ár ndúchais.
Nach breá tabhairt faoi thuras nua,
Bóthar nua suas na cnoic,
Oilithreacht dhomhain phearsanta
Thar ghoirt chlochacha an chroí—
I ndoimhneacht ann gheobhfar
Fíorthobar na féiniúlachta.

Osna Yawla*

*Bunaithe ar ghrianghraf a glacadh ar thrá Athphoirt,
Árainn Mhór, tamall beag i ndiaidh tubaiste mara, 1935*

Cad a d'fhéadfá a rá in am agus i dtráth an bháis?
Cad a d'fhéadfá a dhéanamh
Ach b'fheidir beannú—
Beannú dár n-anam istigh,
Beannú don mhuir mhór mhíthrócaireach
A sciob uainn ár muintir.

Cad a d'fhéadfá a rá in am agus i dtráth an bháis?
Cad a d'fhéadfá a dhéanamh—
B'fhéidir tada, tada, tada
Ach ligean don trá fada
Osnaíl dúinn, osna trom
Dúinn cúigear gasúr fágtha
Tréithlag i ndiaidh bháthaidh.

Cad a d'fhéadfá a rá in am agus i dtráth an bháis?
Cad a d'fhéadfá a dhéanamh
Ach b'fheidir ár gceann a chrochadh
I ndílchuimhne ár muintir
A chuaigh i muinín na dtonnta
I bhfastó baclainn na farraige
I ngan fhios dúinn oíche Fhómhair.

Cad a d'fhéadfá a rá in am agus i dtráth an bháis?
Cad a d'fhéadfá a dhéanamh
Ach beannú don diamhracht dho-chreidte
A scrios ár gcroíthe is ár mbrionglóidí
I gciúnas uaigneach aonarach na farraige.
Anois tá an taoide ag trá
Ach faraor ár ndubh-bhrón,
Nach dtránn, nach dtránn.

*Is bád seoil é an "yawla" a bhfuil dhá sheol air.

An Blascaod Mór

Ní i naomhóg éadrom gleoite
A chuamair isteach
Ach i mbád mór nua-aoiseach
Is sinne slán sábháilte ann—
Timpeall fiche dínn nó mar san
Lá samhraidh amháin—
Criosanna sábháilteachta i ngach áit
Murab ionann agus sibhse,
A thaibhsí mo shamhlaíochta,
A chairde uaigneacha mó chroíse,
Muintir na sean-charraige,
Seanfhundúirí an tseanchultúir—
I bhfad níos sábháilte,
I bhfad níos compórdaí
Ná sibhse sna sean soithigh ghleoite,
Ag gluaiseacht mar spioraid
Ó Thír na nÓg
Ar dhomchla na farraige.

Bhíomair inár stróinséirí
Ag leagadh cos don chéad uair
Ar thalamh iontach draíochta
Ar aon chéim nach mór
Leis an ngealach—
Seanfhothraigh in gach áit—
Clocha, clocha, clocha
Caonach, caonach, caonach
Agus an ghaoth agus an fharraige
Agus an dreapadóireacht suas
Suas suas ón gcé
In aghaidh an chnoic.

Costas an tSaoil

Doiligh a chreidiúint
Go bhfuil na déaga gafa thart
Is na múinteoirí móra sin ar lár—
Iad siúd a cheap gurbh fhathaigh iad
I ndomhan beag na scoile s'againne.

Uair dá raibh bhí buachaill beag ann,
Buachaill soineanta neamhurchóideach
Gan chur amach aige ar an domhan mór,
I bhfad ó fhadhbanna intinne is crá croí
A cheap go raibh fios an bhealaigh

Acu siúd a raibh an roth stiúir acu,
Acu siúd feistithe in éadaí gairmiúla—
Aibídí na nOrd Rialta,
Bónaí bána na sagart
Nó fiú feisteas acadúil na n-ollúna

Nó iad siúd le giúirléidí an leighis—
Slán beo leis na seanlaethanta,
Imithe go deo na ndeor,
Is an buachaill beag fásta ina fhear
Le taithí an tsaoil

Is na déaga gafa is an ghaois
Ceannaithe ró-dhaor,
Ró-dhaor ar fad:
Ach sin dóigh an domhain—
Costas an tsaoil.

Neamhurchóid

Halla fuar maisithe don Nollaig,
Buachaillí i mbínsí eagraithe
I gcomhair scrúdaithe:
Titeann na blianta uaim
Agus fágtar im' stócach mé
Sna seachtóidí den chéad seo caite—
Bráthair Críostaí ar an stáitse
Ag tabhairt treoireacha
I ndiaidh na bpaidreacha
Is an domhan mór anaithnid romhainn
Agus sinne soineanta aineolach
Faoi rotha mór an tsaoil—
Dar linn bhí gach rud ina áit chuí
Chomh h-eagraithe leis na bínsí féin:
Dob' é Dia an Scrúdaitheoir Mór
Is na múinteoirí ár dtreoraithe.

Na Leaids

An mhaidin lá arna mhárach is blas milteanach sa bhéal
Is an ceann ina roithleán de smaointe i mullach a chéil'.
Ta pian uafásach ar cúl na súl agus caidé an scéal—
Tá an carr ar iarraidh agus ní cuimhin leis an *tale*
Ach sin an saol, sin an saol, sin an saol.
Tá ceobhrán bog liath titithe ar an sliabh
Agus a chompánach óg glórmhar callánach ag maíomh
Gur chodail sé le cailín fad is a bhí sé ina thromsuan—
Grá corpartha is mianta na colainne ann go buan—
Sin a cheapann an boc óg agus tuigim dó.
Tuigim fosta don fhear níb' shine gan aon agó.
Ar shlí amháin nó eile tuigim dóibh beirt—
Is leaids fós iad, is an gnéas mar dheargcheirt
Roimh tharbh dosmachtaithe na mianta.
Is leaids fós iad agus an bheirt acu sna déaga
Ag séanadh teacht na haoise is umar dubh na bpianta
Ach is sin mar atá, mar a bheidh agus mar a bhí leis na cianta.

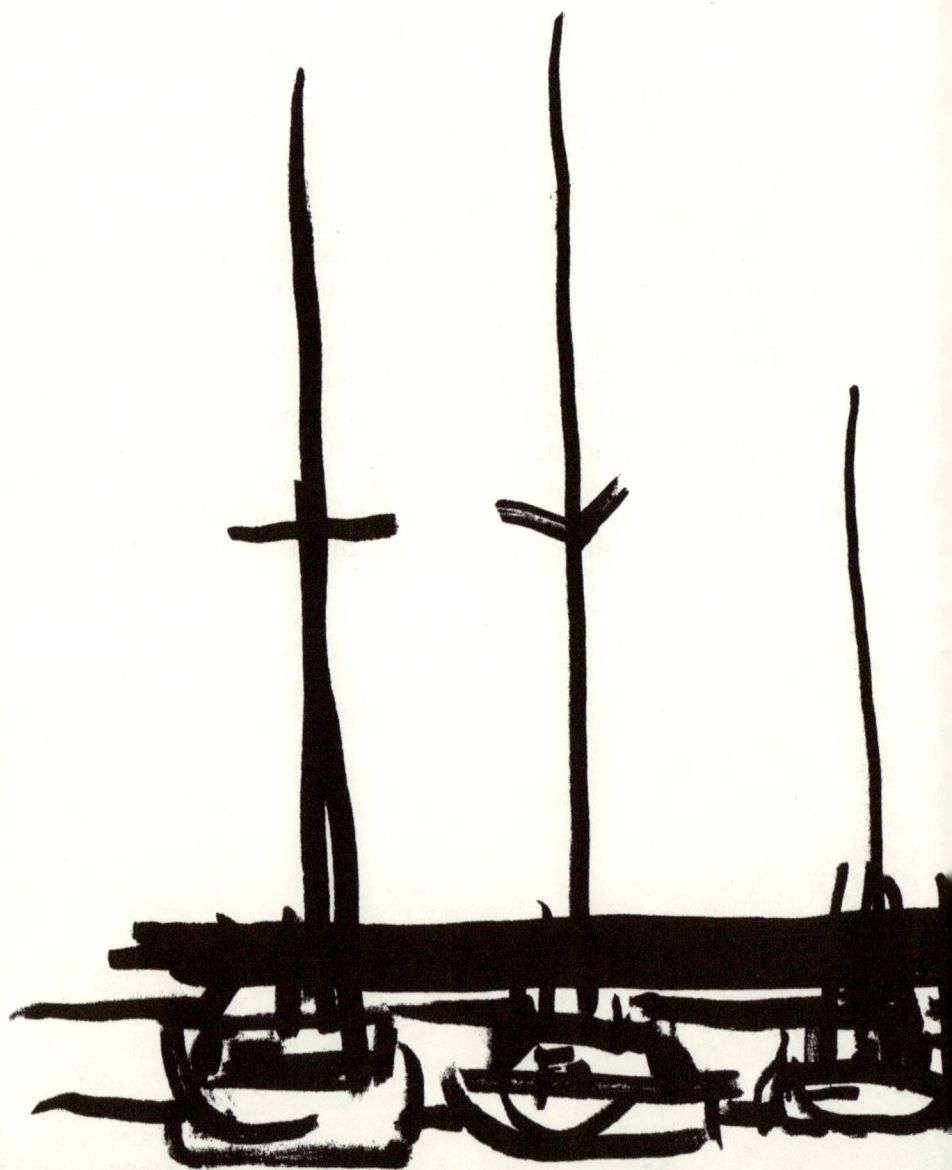

Binn Éadair

Tá lucht an rachmais ag cur chun farraige
Ina mbáid sheoil ghalánta,
Siúlóirí ag spaisteoireacht ar an gcé,
Iascairí gnóthacha ag ullmhú a dtrálaeirí,
Feisteas fearthainne agus buataisí *wellington* orthu,
Beirt leannán óga ag súgradh ar an bhfaiche
Gan aird acu ar an domhan mórthimpeall—
Is cuma, tá siad ina chruinne féin.
Beirt bhuachaill ag iascach le maidí,
Scréachaíl na bhfaoileán ag fógairt saoirse,
An ghaoth ag séideadh
Is na seolta ardaithe ag fáiltiú di,
Seanchúplaí ar thóir na h-óige
Is an ghrá a bhí acu uair dá raibh,
Madraí ag bolathaíl anseo is ansiúd,
Leoraithe móra lán d'éisc,
An ghaoth chumasach sna duilleoga,
Na h-árasáin úrthógtha sa bhfothain
Agus dinnéar á gcaitheamh istigh
Faoi sholas rómánsúil na gcoinnle
Agus mise i mo charr san airdeall,
Mo ghoile ag gearán le h-ocras géar—
Ciúnas an tséipéil ag am comaoineach.

Díseart an Deiscirt

Seo sinn inár ndíseart príobháideach,
Fad' ó strus oibre is saoil
Ag éisteacht le ceol ó amhránaithe,
Aitheanta agus neamhaitheanta,
Ón Iodáil, ó Mheiriceá
Is fiú ó Éirinn úrghlas ár gcroí.

Bhí a fhios againn ag deireadh na bliana
Go raibh sos riachtanach dúinn beirt,
Go mba chóir dúinn dul ag tumadh
I linn dhoimhin na féineachta
Faoi spéartha geala na Meánmhara
Ionas go mbainfimid barr uisce amach athnuaithe.

Ní raibh fhios againn riamh go rabhamar
Chomh cróga croíúil sin
Leis an aistear dúshlánach seo a leanúint
Ach sin mar a thit amach ina am féin:
Gnáthimeacht, fiú míorúilt an tsaoil
Ach é a thabhairt faoi deara.

Eadarsholas

Do shiúlas, is do shiúlas is do shiúlas san eadarsholas
Gan fhios cá rabhas ag dul ná cé chomh fada an t-aistear.
Stopas ag áit faoi leith, áit ar stopadh gach éinne le breathnú
Ar an bhfarraige mhór dhiamhrach chiúin gan freagra.
Tháinig marcach Harley Davidson i bhfeastas dubh
Agus stad sé go h-obann, ag múchadh beatha an innill,
A chlogad dubh crua ar a cheann, is stáin sé isteach sa bhfarraige.
D'fhan sé ann, b'fhéidir ar feadh cúig nóiméad, gan bogadh,
Ciúin agus diamhrach agus dubh san oíche shéimh.
Ansin, go h-obann, mhúscail sé an stail faoina thóin
Agus as go brách leis go torannach, callánach, glórmhar—
Níor mhair ina dhiaidh ach boladh an bhreosla im' shrón.
Nuair a d'fhéachas isteach sa bhfarraige ní raibh freagra fós ann
Ach solas síogach na gealaí ag cíoradh gruaig na feamainne
Agus trombhualadh brónach mo chroí ag éagaoin istigh im' chliabh.

Baclainn an Chroí
d'Áine

Beagnach deireadh an fhómhair
Is na crainn oráiste is líomóide
Ag tóraíocht na h-aibíochta
Suímid faoi ghrian mhealltach na hIodáile
Is glacaimid suaimhneas anama
Fad i gcéin ó bhuarthaí baile.

Beagnach deireadh an fhómhair
Is an Mhuir Ionio measartha te
Téimid ag tumadh in uisce na h-athbheochana
Is tachtaimid an fuath is an tuirse.
Ruaigtear an ghruaim is an duairceas
Agus beirtear orainn arís i líonta na h-óige.

Ba cheart duit, a dheirfiúir mo chroí,
Bheith linn faoi ghrian na sláinte,
Faoi spéarrtha gorma gan scamall
Seachas sáite i nduibheagán plúchmhar do chroí-se,
Ciapaithe ag buarthaí nach bhfuil ann
Gan scáth ó éinne saolta.

Ach sin mar atá cúrsaí,
Ní féidir linn breith ar an am atá caite
Na dul i muinín leighis nach bhfuil ann.
Suímid faoi ghrian mhealltach na hIodáile
Is glacaimid suaimhneas anama
Agus casaimid thú i mbaclainn ár gcroíthe.

Nollaig sa Róimh

Mílte i gcéin ónár n-áit dhúchais,
Faoi spéartha dubha an gheimhridh
Is soilse na Nollag d'ár bhfáiltiú
Mar stróinséirí ar thalamh cairdiúil.
Táimid inár leath-Iodáiligh um an dtaca seo
Le cleasanna nua teanga,
In ann sinn féin a chur in iúl
Is sult a bhaint as an ngnáthchaint.

Ach tá an geimhreadh chomh crúálach
Neamhthrócaireach is a bhí riamh
Ar dhaoine gan dídean ag cur fútha don oíche
Ar leaca mhórshráideanna na Róimhe.
Is cuma sa tsioc cá mbíonn tú
Má bhíonn tú gan díon ós do chionn—
Rí-dheacair áilleacht na réaltanna a mhóradh
Is tú beo bocht is dealbh-fhuar.

Thart fá mhéanoíche bailíonn na grianghrafadóirí go léir
Thíos ag an *Fontana di Trevi*,
A lán acu le tríchosaigh
Is a gceamairí réitithe don drochsholas
Ar tóir an phictiúir ar fheabhas—
Rud a chothóidh dílchuimhní san fháistin—
Dea-chuimhní an ghrá i gCathair na Róimhe
Am Nollag nuair a bhí siad óg.

Anois is sinne ar tí ár mbealach a dhéanamh
Chuig leaba compórdach an óstáin
Tá deoch bheag de dhíth orainn beirt—
I ndiaidh dídeanaigh a fheiceáil ar leac fhuar na cathrach
Is aghaidheanna dearga na Rómhánach is na gcuairteoirí
Ag gáirí thíos ag an tobar torannach—
"Níl in aon ní ach seal," a deirimid,
Ag iarraidh breith ar an am i láthair
I mbun ghloine bhiotáille.

Consuelo na bPizze

Deacair a chreidiúint gurb i gCalabria na gréine atáimid
Is an fhearthainn ag síorthitim
Ar tháirseach an tsamhraidh shaibhir
Ach is cuma agus is ró-chuma
Mar tá ár n-aislingí againn d'ár dtreoiriú.

Aréir thiománamar suas, suas, suas
In aghaidh an tsléibhe ghlais,
Díreach isteach sna scamaill thiubha
Sa bháisteach throm is sa cheo draíochta
Chun na *Tre Fontane* a bhaint amach.

Il ristorante al cima
A deir na h-áitreabhaigh anseo
An bhialann ar bharr Sant' Andrea Superiore,
An bhialann sna scamaill dhiamhra
Mar a n-oibríonn Consuelo, fear na bpizze.

Aistear fiúntach ab ea ár dturas
Ceárdaí chomh h-oilte's umhal d'fheiscint
Ag caitheamh an taois san aer
Á mhúnlú go cúramach lena mhéara ceannúla
Go cruinn beacht le braithstint a chroí.

Féile is fáilte fhear an tí
Go dtí ceann an domhain
Ar oíche chomh h-olc is chomh gránna san
Arbh fhiú streachailt sinne stróinséirí
Bhreith ar eireaball ollchabán na h-oíche.

Umar an Ghrá

Thíos ar thrá Isca
Trathnóna breá Lúnasa
Is páistí beaga ag léimt
In aghaidh na dtonnta
Tá beirt leannán ag pógadh—
Béal in aghaidh béil—
Ag tochailt go domhain
In umar an ghrá.

Thíos ar thrá Isca
Is an ghrian fós go h-ard
Tá Iodálaigh dhonna dóite
Ag déanamh bolg le gréin.
Tá beirt fhear i mbád beag
Ag iomramh mar dhiabhail—
Ina bpáistí aríst.

Thíos ar thrá Isca
Trathnóna breá Lúnasa
Is sinn uilig ag iarraidh
Fuascailt ón mbuairt
Tá an fharraige mar *mhantra*
Dár saoradh ón mbrú.

Thíos ar thrá Isca
Trathnóna breá Lúnasa
Tá an ghrian is an gaineamh,
An t-uisce is an ghaoth
Ag tochailt go domhain
In umar an ghrá.

Fáilte Vito

Thíos ar an trá,
Díreach mar a sroicheann Isca Sant' Andrea,
Tá Vito ag tochailt an ghainimh,
Ag iarraidh an t-uisce a chur chun fharraige
I sruthán mór amháin,
A thalamh fhéinig a thriomú
Is an trá a tharrtháil ón mhuir.

Fear beag donn, grian-dóite
Ag obair go mall, cruinn gan stró—
Mairíonn sé inneall an JCB
Agus glaonn orainn, stróinséirí, á rá:
Ho dei mandarini diliciosi per voi.
Ina aghaidh feictear cairdeas na gréine
Agus fáilte is féile na dtuathánach
An taobh seo tire.

Táimid ag foghlaim na hIodáilise
I ndeasghnátha beaga dúthaí—
Ag iniúchadh na h-oibre le fear oilte ina chéird,
Ag caint faoin aimsir
Is faoi fhíorthorrthúlacht an *Mezzogiorno*
In Iodáilis bhriste.

Uair ní ba dhéanaí
Is an dinnéar caite againn
Cloisimid guth fir dá'r nglaoch
Is é ag teacht go tapaidh trasna ghort og
Is an ghrian ar tí dul 'na luí
Ar ghuailne sléibhte Calabria—

Vito arís,
Le mála mór oraistí is liomóidí an turas seo,
Ag beannú dúinn in Iodáilis snasta,
Is an ghrian frithchaite ina ghnúis—
Fáilte Vito go hIsca na Calabria.

Ceolchoirm Piazza Isca Marina

Tá an comhluadar uilig amuigh anocht
Is gach teach feistithe i gcomhair na h-ocáide—
Na mangairí tagtha ó chian is ó chóngar
Is nua gach bia agus sean gach dí ar fáil.

Séisiúr an tsamhraidh is séisiúr na *feste*
In Isca Marina Calabria—
Na clanna go léir amuigh ag siúl
Mar is é seo an tráth sin den oíche don *passagiata*.

Ta gach duine feistithe go galánta,
Iad gleoite grian-dóite donn—
Muintir álainn na Meánmhara
Iad nádurtha néata snasta.

Anois tá an banna ar an stáitse
Is na h-áitreabhaigh ar mire le h-áthas—
Lastar na soilse is lastar na súla
Is tosaítear ar an gceol.

Líontar an chearnóg le rithimí
An tseanchultúir den taobh seo tíre—
Rithimí éagsúla difriúla ó iadsan
Ar dual dúinn Gaeil.

Meascán míoriúlta draíochta den sean is den nua:
Uirlisí aite sean-fhaiseanta is uirlisí den nuadhéanamh
Is cailín álainn donn ina measc
Ar ardáinín beag ag damhsa.

Ardaítear an ceol is na guthanna—
Corraítear an slua dá réir
Is buailtear na bosa go soiléir—
Tá muintir an *Mezzogiorno* i mbun feise.

An Aimsir Arís

Áit eigint idir Reggio di Calabria agus Soverato
Bhí garsúin is gearrchaillí ag canadh
Faoina n-iarrachtaí an fhearrthainn a phógadh
Ach níor thugas scamall ar bith fé ndeara
I spéartha fíorghorma na hIodáile.

Ait an mac an saol—
Buachaillí is cailiní thiar sa bhaile
Ag canadh faoina n-iarrachtaí an ghrian a phógadh
In áit a dtagann na scamaill i gcónaí
I spéartha fíorliatha na hÉireann.

Cnoc an Chrainn Mhóir

Suite croschosach ar chnoc an chrainn mhóir,
Gar go leor do chroí Sant' Andrea Superiore,
Táim slán sabháilte faoi scáth an chiúnais.
Is cuma go bhfuil na criogair
Ag déanamh raic' sna craobhacha
Nó an corrcharr ag clamhsán
Ag teacht i gcoinne an chnoic
Nó an corr-thurasóir ag caint os ard
Is grian dheiridh an lae ag dul 'na luí
Thar mo ghualainn chlé.
Fúmsa thíos an líne cladaigh ag síneadh
Faoi bhun íor na spéire,
Garráin chiúine na n-ológ,
Páirceanna slachtmhara na gcrann líomóide,
Crainn oráiste is figí móra Indiacha,
Cairéil thirime lán de chlocha is de ghaineamh,
Seanchrainn leagtha ag na stoirmeacha deireanacha
Agus a bhfréamhacha chomh mór lena gcraobhacha,
Féar dóite an tsamhraidh,
Na toir shíorghlasa in ithir ghaineamhach,
Tíleacha dearga díonta na n-árasán
Amhail is go rabhadar péinteáilte le scuab ealaíontóra,
Crónán is dordán na gcuileog,

Coirt na gcrann thart fá mo chosa nochta
Agus cogar mistéireach na leannán anaithnide,
Suite ar an mballa os mo chionn,
Mar cheol ciúin caoin ar an leoithne.

Tarrtháil

Líne fhada de shaineolaithe—
Fealsaimh, matamaiticeoirí,
Eolaithe is saineolaithe
Ag trasnú scáileán na h-intinne
Ag iarraidh ciall a dhéanamh
Den domhan mór is den chruinne,
Ag iarraidh salann a chur
Ar eireaball spideoige—

Is mé caillte fós in aineolas,
I gceobhrán tiubh gan mhórán treo:
Ar tóir na brí gan chinnteacht,
Solas beag sa duibheagán—
Umar domhain na h-anama—
Is anois tagann na focail
Ó áit anaithnid thíos sa neamhchomhfhios:
Tóin poill na féinaithne.

Líne fhada leathan d'fhocail is de chomhfhocaill
Á gcarnadh ar a chéile.
Is anois déanaim iarracht ord
Is rí-ord-gan-ró-ord
A chur ar an scuaine scread
Is tagann Ó Ríordáin is Ó Díreáin,
Ó Searcaigh is Ní Dhomhnaill
Ag fógairt fírinne fhíáin na h-anama—

Is téim ag tochailt i gcairéal na bhfocal
Ag iarraidh brí a bhaint dá neart,
Ag iarraidh mé fhéin a bhaisteadh as an nua
I seanteanga mó shinsir—
Níl aon dul as, níl aon éalú agam
Ach tumadh síos i dtobar domhain mo dhúchais
Ag siúl le tárrthail teanga.

Mhothaigh mé Mórtas Cine

Mhothaigh mé mórtas cine ionam ag eirí
Mar a bhéinn ag blaiseadh fíona ó chalaois naofa
Lá mo chéad chomaoineach
Agus na focail bhinn ag teacht go fras
As béal mo charad ar an bhfón.
Sruth na Gaeilge as tobar an dúchais,
Tobar nach bhfuil fíorghlan níos mó,
Tobar atá leath-ídithe, truaillithe fiú
Agus mise i ngrá le draíocht an am atá caite,
Le míorúilt na gcarraigeacha móra—
Iad ag seasamh an fhóid in éadan na mara.
Ní carraigeacha muid,
Ní aillte muid, agus sin ráite
Ní féidir linn an fhírinne a dhiúltú,
Ní féidir linn droim láimhe a thabhairt
Dona mílte mílte deor a sileadh,
Don íobairt fhada fhulaingteach,
Don fhuil a doirteadh,
Don chrá croí, don éadóchas,
Don duibheagán a thit orainn
Agus nár scaip go h-iomlán fós,
Don easpa, don ghantannas,
Don éagmuis, don bhochtannas intinne,
Don fhéinmhuinín buailte faoi chois,
Don éigean féiniúlachta,
Dona h-íomhánna brónacha truamhéalacha
Denár mhuintir a chuaigh romhainn
A chónaíonn sa neamhchomhfhios.

Níl mo thart sásaithe fós,
Ná m'ocras scriosta.
Geallaim duit, a ghrá gheal Ghaelaigh,
Go bhfanfad dílis is umhal duit go deo.

Machnamh

Teitheann na blianta uainn i ngan fhios
Is déanaimid cúntas orthu sna déaga—
Deacair a chreidiúint gur mise
An buachaill beag soineanta sin
Ar ghlúin dheas m'athar—
Seanphictiúr ar an gcúlbhóthar
Thuas ón gclochar ar an gcnoc.

Titeann na blianta díom cosúil le
Seanchraiceann nathair nimhe an ama
Agus fágtar i mo shuí mé go suaimhneach
Ar mo thóin sa lána cúil
Ag súgradh le leoraí beag na hóige
Lán le malaí beaga gainimh
Is tá an gaineamh sin fós ag sníomh

Tré mhéaracha fir ar imeall na seanaoise—
Blianta slogtha siar ag béal santach an ama:
An uair chinniúnach úd ar buaileadh tinn m'athair
Is gurbh éigean dúinn aistriú chuig an chathair mhór—
Na seascaidí dubha dorcha gan mhórán
Ach geallúíntí an oideachais is na samhlaíochta.

Seanchuimhní aghaidheanna na ndaoine a d'imigh uainn
I gceobhrán tiubh na mblianta:
Buachaill beag a maraíodh ar an gCuarbhóthar Thuaidh
Ar a bhealach chun na scoile;
M'uncail Pat is m'aintín Bríd ar lár—
Cuimhní taibhsiúla ó scannán scanrúil na haoise.

Ach anois suímid le chéile i seomra ranga,
Gnáthsheomra trénar shiúil na glúnta scoláirí.
Suímid i gciúnas an tsosa mhóir;
Éistimid le ceol suaimhneach misteach ón Oirthear—
Is déanaimid machnamh le chéile
Is titeann an tsíocháin
Mar uisce ar theanga thirim.

Soilse Múchta

Iar gclos gur bhásaigh an scoláire óg Gaeilge
Ciarán Ó Concheanainn, 1981–2009

Oíche dhorcha gheimhriúil
Agus sinne i halla fuar
Ag éisteacht le focail fhiala
Ó bhéal mórscoláire—
Ag iarraidh eanga a chaitheamh
Ar iasc geal na Gaolainne.

Níorbh shin an uair
Ar thiteas faoi dhraíocht na bhfocal
Ach na blianta roimhe
Is mé im' dhalta bídeach
I seomra ranga
Na seascaidí bochta.

Seanfhear beag maol
Agus é i ndeireadh réime
Fé ndear' mo chéad thitim
In umar domhain na draíochta—
Fear beag le croí mór
Agus módh geal múinte.

Anois tá an mórscolaire úd ar lár
Is an seanmhúinteoir marbh leis na blianta
Ach an grá is an draíocht
Is an ghaois is an eagna
A bhí ag eitilt ar sciatháin aingeal
Táid fós ar foluain im' chroí—

Tuigim dóibh siúd go léir anois
A bhfuil a laochléachtóir
Sciobtha uathu go h-obann—
Tuigim an duibheagán inar thit siad,
An easnamh dubh dorcha
Is na soilse múchta.

Bealaí an tSaoil

Guth 1

Tar isteach faoin scáth nó dófar go dona thú—
Ta an ghrian i bhfad ró-the dúinn inniu.
Níl craiceann an tuaiscirt i dtaithí ar a treise,
Caithfear dul i ngleic leí diaidh ar ndiaidh.

Guth 2

Tar amach as na scáthanna nó caillfear thú
Sa duibheagán, i ndoinsiún dorcha an fhéintrua
Nó in uaigh na gruaime:
Siúil faoi leigheas an tsolais.

Guth 3

Éist leis an nguth a dhéanann an chiall is mó
Gidh is gur doiligh teach ar réiteach eatarthu.
Éist le guth an choirp is le guth an anama araon—
Le taithí tiocfaidh gaois.

Bunscoil

I

Seanchlós stroighne,
Glaonna buachaillí
Is bualadh cloig
Is ord agus eagar
Na h-aoise imithe
Is an fhuacht gheimhriúil
Fiú sna seomraí.
An tsean-staighre iarainn
Mar uirlís ceoil
Faoi choischéimeanna
Scolairí na nglúnta caillte—
Daicheadaí, caogaidí,
Seascaidí 'gus seachtóidí—
ní fios cá bhfuilid.
Amhail an tseaca
Tá na laethanta sin leáite,
Ach na cuimhní cinn
Fanfaidh siad fuar
Im' chnámha.

II

Seanbhráthair Críostaí
Ag barr ranga
Agus sinne buachaillí
Faoi dhraíocht aige,
Faoi chumhacht na scéalta
A dhoirt go fras
As a bhéal binn beacht,
Scéalta móráltachta
Don chuid is mó,
Ceachtanna ón gcaiticiosma,
Léirithe is mínithe
I scéalta beaga
A d'fhoghlaimigh sé
Thar na blianta dubha
Anseo is ansiúd
I seanscoil bhocht
Sula raibh aon ní ann
Seachas solas an dóchais
Go mbeadh cúrsaí
I bhfad bhfad níos fearr
San am a bhí le teacht.

III

Fear beag galánta,
Feistithe i ndubh na mbráithre,
Gan ríb ghruaige in aimhréidh,
Fios a ghnó aige—
Dhéanfadh sé príomhoide maith—
Shílfeá.

Fear mór gramadaí
Le spéaclaí an intleachtaí
A scríobh go cruinn
Ar chlár ar thacas,
Sárghramadóir,
Sármhúinteoir—
Shílfeá.
Ní ligfeadh sé aon rud ó smacht,
Gach rud in ord,
Gach rud in eagar,
Gach rud ina áit chuí,
Gach dalta ina bhínse féin
Faoi scáth an bhráthar bhig.
Rang suaimhneach—
Shílfeá.

Fear mór na seanfhocal,
Fear mór an ghinidigh,
Ach ní mar a shíltear bítear—
Fear mór na rangabhálacha
Is an leabhair ghramadaí
Ach ní mar a shíltear bítear.

Fear beag searbh a bhí ann,

Searúsach fiú,
Fios a ghnó aige,
Fios an leathair aige,
Fios an leathair chumhachtaigh,
Fios an leathair ró-chumhachtaigh
Fios an leathair ró-ró-chumhachtaigh.

Is cuimhin liom na deora,
Is cuimhin liom na lámha dearga,
Is cuimhin liom na daltaí malla,
Na daltaí fíorlaga
Nár thuill a fhíor-dhroch-íde
Is fuaim olc an leathair
Ag teacht ina dtreo.
Ba sinne na buachaillí
A raibh an t-ádh dearg leo
Ar theacht thar n-ais dúinn
An bhliain dar gcionn—
Bhí an ollphéist imithe,
Ardú céime faighte aige
Mar phríomhoide
I scoil níb' fhearr.
Fios a ghnó aige,
Fios an leathair aige,
Fios an leathair chumhachtaigh,
Fios an leathair ró-chumhachtaigh
Fios an leathair ró-ró-chumhachtaigh.
Ardfhear,
Sárghramadóir,
Sarmhúinteoir—
Shílfeá.

IV

Seanfhear anois
Ag teacht chun ceann scríbe,
Tuirseach is amhlaidh
Ach ba chuma dhúinne—
Daltaí ar dúil dóibh ord is eagar
Faoi chúram seanchaptaena
Nár lig aon rud ó smacht.
Is cuimhin liom a rialacha
Dearfa, dochta, daingne
A bhí chomh soiléir le grian
La breá samhraidh gan scamall.
Ansin na garanna beaga bídeacha
Ag gach éinne againn
A choimeád sinn socair—
Dalta á dhéanamh seo,
Dalta á dhéanamh siúd,
Duine ag glaoch "paidreacha"
Agus sinne ag éirí inár seasamh,
Seanchlár dubh na bhfocal marcálta,
Ceann eile dá chéimseata chruinn
Ag bun an ranga
Is sinne 'nár suí ar barr bhínse.
An seanrothar Raleigh
Ina sheasamh i leataobh
Ní rófhada ón tacas—
Dob' é mo ghnó-sa
É a shiúil chun an dorais
Ag am lóin
Ionas go n-éalódh seanoide air
Óna chúraimí ranga
Go lár na cathrach.

Ach b'fhathach cineálta é
In ainneoin an bhata fhíochmhair
Nár úsáideadh go ró-mhinic.
Is cuimhin liom é á bhualadh
I gcoinne bharr a bhínse
Chun meadarachtaí na ndánta
A chomhaireamh is a chúntas—
Is uaidhsean a d'fhoghlaimíos
Áilleacht is binneas na filíocht'.

Blianta ina dhiaidh sin
Is mé fásta im' mhúinteoir féinig
Chonaiceas é ina ochtóidí
Seanfhear cromtha críonna
In ollmhargadh nua-aimseartha
Ag pacáil a mhálaí plaisteacha.
Ní raibh sé de mhisneach agam
Mé féin a chur in aithne
Mar b'fhearrde go mór
Go bhfanfadh sé fós
Ina fhathach
Im' chuimhne.

Titim an Fhómhair

Órga na nduilleoga roimh mhallthitim an fhómhair
Agus an fhearthainn bhog ag fliuchadh mo chroí.
Tá an séisiúr ana fhionnuar don am seo den bhliain
Agus tá grá úrnua ag bogadh is ag leá m'anama.
Éistim le guth fíorbhinn corraitheach Luca Carboni
Agus glacaim misneach is dóchas arís sa saol,
Dóchas go bhfuil gach rud mar ba cheart is ba chóir dó,
Go dtagann is go n-imíonn gach neach san am cuí,
Go dtiteann na duilleoga buíthe, donna, órga,
Go siúltar tríotha le buillí éadroma an choisithe,
Go scríobhtar fútha i ndánta is i ngearrscéalta,
Go seasann siad do shíorghluaiseacht an tsaoil
Agus go mbailítear iad i málaí móra dubha,
Go bhfuil na páistí is na leannáin i ngrá leotha,
Go nglacann an garraíodóir leo go réidh
Agus go bhfuil gach rud in ord agus in eagar,
Go dtiteann siad fad is atá Dia ag siúl sa ghairdín.
Braithim cumhacht Geinisis agus fionnuaire an lae
Fad is atáim ag ithe an úill ó lámha Éabha.
Ach is duine fásta mé agus glacaim le mo dhualgaisí,
Go bhfuilim ciontach mar chách,
Gur peacach mé is gur peacach mo stór,
Go bhfuil an bheirt againn i sáinn mhór—
Fadhb na míthuisceana agus easpa muiníne—
Na páistí gortaithe agus róghortaithe.
Ach glacaimid misneach i mallthitim na nduilleog
Agus téimid i muinín an mhachnaimh,
I muinín Gautama Siddharta ar thóir na gaoise
Ar thóir na céille is eagna na h-aoise.
Sa deireadh thiar titfidh gach rud amach
Ina shéisiúr, ina shéisiúr is ina shéisiúr féin.

Folús

I dtromluí doimhin bhraitheas im' chime,
Faoi glas i ndoinsiún na Cúistiúnachta Rómhánaí Naofa
Is seanchléireach ón Mheánaois dom cheistiú:
"Cé thú? Cé thú? Ce thú?"

Ach ní raibh mé in inmhe é a fhreagairt
Agus tháinig na ceisteanna ina dtonn tuile:
"Cé dar díobh thú?" "An de Shátan féin thú?"
"Ainmnigh thú féin in ainm Dé!"

"An de Leigiún an Áibhirseora thú?
Ainmnigh thú féin in ainm Dé!"
Ach fós ní raibh mé in inmhe freagairt
Gidh is go raibh bua na labhartha ar mo chumas.

I ndorchadas agus i nduibheagán an doinsiúin
Ní raibh ach scáileanna frithchaite na gcoinnle
Mar chompánaigh an bhealaigh agam:
Thuigeas go beacht nach raibh ach sciúirseáil i ndán
dom:

Ach in ainm Dé ní raibh a fhios agam
Ó thalamh an domhain go h-airde na spéire
Cé mé nó cé dar díobh mé—
Ní raibh ionam ach folús an doinsiúin.

Braithstintí an Choirp

Mo chos chlé ar chloch chruinn chiorclach
Ar feadh soicind nó dhó is
Thiteas gan choinne ar thíleanna garbha an gháirdin cúil
Ach níor baineadh gheit asam—

Bhíos ar tí laghairt bheag a scaoileadh
Iar chlos dom an scrabhadh is an scrábadh
I sean-bhuicéad plaisteach
Áit éigint sna fálta.

Bhog rud éigint sa bhfear istigh
A thug an t-aistear práinne sin orm,
Rud príomhordúil sna h-instinní
Is níor dheineas mórán smaoinimh.

Gidh gur ghortaíos mo dhá bhois,
Mo ghlúin is mo chos chlé,
Níor deineadh móran dámáiste
Seachas do mhothú m'fhéineachta

Ach sin an bealach, is ea dúírt
An fear istigh áit éigint sna cnámha
Iar-ligint saor na laghairte bige:
Is deacair machnamh a dhéanamh
Gan bheith eolach ar bhraithstintí an choirp.

Doimhneacht na gCnámh

Na h-oícheanta fada teo seo
Tagann na taibhrimh ina dtonnta is ina dtonnta
Agus amhail bheith ag snámh san fharraige
Is deacair tonn amháin a idirdhealú ó thonn eile—
Tuilleadh tonnta is tuile taibhreamh.

Na h-oícheanta fada teo seo
Tagann na muiscítí i scuadrúin
Chun craiceann bán sinne turasóirí a ithe—
Éiríonn cnapanna ar ár gcosa is ar ár lámha
Chun sinn a tharraingt dá dtochailt.

Arís is arís eile is gá dul dá dtochailt:
I ndoimhneacht na gcnámh tá an corp d'ár nglaoch:
"Is doiligh aithne cheart chruinn
A choinneáil oraibh fhéin
Gan bhacadh liom i m'fhad is i mo leithead."

Lochta Thuas is Luí Thíos

Anois agus lochta á thógáíl thuas is mé im' luí thíos,
Smaoiním ar shaol an anama agus ar na brionglóidí
A theitheann óm' chuimhne agus a fhágann corrphictiúr
Nach ndéanann ciall—íomhannna ó shaol rúnmhar—
Amhail is corr-shracfhéachaint óm' charr ar mo shlí abhaile:
Mná na nua h-aoise ag síorthraenáil, ag rith ar chosán bréagach
Agus daoine ag ithe burgairí is sceallóga in Eddie Rocket's
Agus maisiúchán uile na Nollag ag bagairt a chéile lena ndraíocht
Agus na h-inimircigh uile ag meascadh linn mar is cheart—
Níos Gaelaí ná na Gaeil féin—
An stair bun ós cionn agus ina chíorthuathal.
Seo laethanta an rachmais agus an tsaibhris
Agus daoine ag síorthaisteal ar thóir na gréine is an *alta moda*
Agus gach a chuireann a n-anam is a gcroí ar crith,
Na laethanta seo, ní fhanaim im' dhúiseacht ag cíoradh
Agus ag athchíoradh mórcheisteanna na beatha.
Táim sásta luí anseo ag breathnú ar an síleáil
Gan tada im' cheann ach conas a bheidh an lochta leagtha amach,
Pictiúr díom féin im' sheomra staidéir, sásta i gceartlár na leabhar.

Anois agus lochta á thógáíl thuas is mé im' luí thíos,
Ba mhaith liom breith ar an mbrionglóid nua-imithe
Ach amhail gach a tharlaíonn sa domhan mór
Tagann na taibhrimh dá ndeoin féin agus imíonn
In am trátha agus in am nach trátha.
Taim sásta luí anseo go dtitfead im' thromsuan arís,
Go dtí go mbeireann na brionglóidí orm i ngan fhios
Agus go scaoilfear saor mo spiorad.
Ta rudaí ag teacht le chéile is pátrún á dhearadh.
Creidim sa neamhchomhfhios agus i ngach rud
A chuireann mo chroí is m'anam ag corraíl im' chléibh.

Bás Ceoltóra

I ndilchuimhne ar mo cholcheathar Brian

I ndilchuimhne ar mo cholcheathar Brian
Cad as a dtagann an ceol ar chor ar bith, a Bhriain?
An ón mbroinn roimh bhreacadh an lae
Nó fiú ón leaba a dtéann an ghrian ina luí
Nó ó fhuaimeanna draíochta na bhfarraigí
A dtagann an teanga uilíoch neamhfhoclach san?

Is cuimhin liom mo mháthair-se a rá
Tráth nach raibh mé ró-ard
Go leanaidis uile, í féin is
A deartháireacha agus a deirféaracha
Daideo is é ag seinm píbe

Cosúil le Píobaire Hamlin
Síos an gort thiar sa bhaile
Is iad uile ag bualadh rithime
Lena gcosa beaga leanbaí
Ag leanúint draíocht an cheoil.

Bhí t'athairse, Séamus sárcheoltóir
Lem' mháthair-se i siúlóid bheag an cheoil
Agus b'as san a d'fhás traidisiún
A leanann fós scáth mo sheanathar-sa
Ag treabhadh ghoirt i ndiaidh chéachta is capaill.

Seans gur chuala sé an ceol
I gcasadh na cré úire duibhe
Nó fiú i gcaitheamh agus i dtitim na síolta
Nó i gcogar na gaoithe sna duilleoga
Nó fiú i gcaoineadh an linbh úrbheirthe.

Pé áit dhraíochta a bhfuair sé an bua,
Thug sé duit é, a Bhriain, ina thaoide,
Tonn ar tonn ar tonn
Go dtí go raibh sé ina thuile
I gcroí fairsing an tsárcheoltóra
Atá, ár léan, ar trá anois.

Ceol na síoraíochta dod' aire-se,
Anois, a Bhriain dhil.

Téada mo Chroí

Tá an ceol ag tarraingt téada mo chroí—
Seanachruit na braithstinte.
Táim cosúil le h-aindiúlach—tugtha dó,
Ceol na céille agus na díchéille,
Ceol an brí is ceol na h-easpa.
Seo mise agus *Dylan Live* ag faisceadh a chroí
Agus mo chroí-se leis sa *Royal Albert Hall* 1965.
Blianta ó shin—na seascaidí agus mise im' pháiste
Deacair a chreidiúint go mbéinn bogtha 'gus corraithe
Daichead bliana i ndiaidh an taifeadta.
Ach sin mar atá, agus mar a bheidh go brách—
Is deacair na fáithe a dhiúltú ná a sheachaint.

Tá an ceol ag tarraingt téada mo chroí—
Seanachruit na braithstinte.
Táim cosúil le deisceabail Rí an Cheoil,
Le macléinn an mhisteachais,
Le seanadraoi na págantachta,
Le leantóir Chríost an Damhsa,
Táim ar oilithreacht an cheoil—
Ag lorg brí nach bhfaighim san ól
Ná fiú i bhfreagraí na n-intleachtach
Ná i gcallán mór an domhain.

Tá an ceol ag tarraingt téada mo chroí—
Seanachruit na braithstinte.

Éalú

I

Is cuimhin liom is mé im' pháiste
Ag éalú liom ó shlua mór milteanach na cathrach,
Uair éigint gar go leor don Nollaig
Is gliondar na hóige is na neamhurchóide
Ag spléacharnaigh im' shúile.

Ach ba ghearr gur éalaigh an gliondar
Is gur ghabh an sceoin greim ar mo chroí—
Bhíos caillte ar Sráid mhór Annraoi
Mar a raibh na mangairí ag screadaíl
Faoi iontaisí na Nollag
Is brontannaisí an tsaoil.

Fá dheireadh thiar tháinig Mamaí,
Is amhlaidh gur chuala sí mo chaoineadh
Is d'éalaigh an sceoin sar i bhfad
I lámha cumhachtacha na máthara
Leathbhealach síos Sráid Annraoi.

II

Is cuimhin liom oíche éalú síos i nduibheagán thromluí
Síos, síos, síós ar staighre éagothrom camchéimeach
Go dtí gur fágadh mé fannlag im' luí
Ar urlár fliuch báite an chroí.

Is ann a d'fhanas ní fios cé chomh fada
Ag comhaireamh mo pheacaí
Is ag cuardach brí i ndubhchúinní m'anama
Is mé spíonta buailte i lagbhrí.

Ach ansin mar is gnáthach
Tháinig an mhaidin gheal dom' dhúiseacht
Is lonraigh solas i gcúinne ard mo phluaise
A rinne mé a théamh is imeacht ón duibheagán

Ar thóir na féinaithne.

III

Is cuimhin liom éalú suas in aghaidh an chnoic
Chomh fada arbh fhéidir liom ó bhaothchaint chomhleacaithe,
Suas, suas, suas liom chomh fada leis na haillte
Is fírinne fhiáin na farraige ag a mbun.

Is ann a d'fhanas trí nó ceithre uair an chloig
Agus scríobhas línte dóchais ar phár mo chroí
Ag déanamh caidrimh leis na dúile
Is ag eisteacht le fíorchaint na bhfarraigí.

Ach thuigeas i gceart nárbh fhéidir le h-aon neach daonna
Fanúint thuas ró-fhada scarrtha ó chairde a chroí
Go gcaithfeadh sé filleadh chun bhaile
Is deoch cairdiúil a ól thart fá thinteán a thí.

Uaireanta briseann an ghrian

Uaireanta briseann an ghrian tríd na scamaill
Is ruaigtear an ghruaim is fuaim an tsaoil.
Uaireanta beirtear orm gan choinne,
Fágtar ag machnamh mé ar cé chomh láidir is atáim,
Is cé chomh cumhachtach 'tá spiorad na saoirse ionam
Nuair a thagann an treise aniar aduaidh orm.
Smaoiním anois is arís ar an tromluí uafásach sin,
Oíche dhorcha na bhfuarallas roimh theacht an leighis
Is mé sínte frithlag i bpianta gan mhianta
Ach bheith slán sábhailte i mbroinn mo mháthar.
Thosaigh an láir ag éirí ionam roimh dhúiseacht na súl
Is chuimhnigh mé ar Nietzsche bocht i gCathair Geneva—
É cloíte briste brúite agus a lámha
Timpeall ar mhuinéal an chapaill bhoicht.
Thuig mé díreach ansin praghas na céile is na míchéile araon.

Uaireanta briseann an ghrian tríd na scamaill
Is ruaigtear an ghruaim is fuaim an tsaoil
Mar a tharla nuair a léim comhleacaí dom' ionsaí
Á rá nach raibh ionam ach duine leáite gan feidhm
Agus mallacht i mullach mallachta ag titim anuas orm
Is mé fágtha gan fhreagra, gan fhios, gan fhocal.
Ach le h-imeacht na laethanta d'éirigh Dáibhéad ionam
Is ghlac sé chuige a chrann tábhaill is mharaigh sé an fathach
A bhí dom chrá, dom chéasadh is dom chíapadh.
Theith gach sceoin is scéin, uamhan is uafás
Roimh Dhaithí beag a sheas an fód,
Roimh Dháibhéad mór an neamhchomhfheasa.

Cnámhdhán

Tháinig mé ar dhán clúdaithe le cré
A bhí adhlactha mar sheanchnámh,
Curtha sa talamh cianta ó shin
Ag cú mór na féinaithne.

Bhí orm an chré a ghlanadh
Is a athghlanadh óna dhromchla,
Féachaint an le h-aon neach daonna é
Nó le h-ainmhí fiáin nó neamhfhiáin fiú.

Lean mé liom dá ghlanadh—
An focal seo is an focal siúd
A chaitheamh i leataobh
Mar sheanchóta ró-chaite.

Is choinnigh mé ar aghaidh
Ag iarraidh dán a chruthú
Ó chnámh anseo is cnámh ansiúd
Is chruthaigh mé corp nua—

Dán úrdhéanta as cnámha an neamhchomhfheasa,
Dán le cumhacht na n-aoiseanna.

Ag Coinneáil m'Anála Istigh

An t-ollamh lán d'eolas is de ghaois,
Leath-shofaisticiúil beagnach is mé
Mar mhacléinn i mo chaogaidí,
Ag rá linn gur féidir gach fadhb a thimpeallú
Ó aird ar bith, aird ar bith.
Nach gá dul ag tumadh sa doimhneacht
An t-am ar fad,
Gur féidir tabhairt faoi gach ábhar
I mílte slí, i mílte slí.
Agus glacaim lena ghaois agus is fíor dhó:
B'fhéidir gur chaitheas achar ró-fhada
dem' shaol dom' phlúchadh
Ag iarraidh snámh faoi dhomchla na farraige.

Torno a Dublino

Fillim ar Éirinn is ar Dhúchas m'Anama

Anois ní fhanann na scamaill ró-fhada
Ar aghaidh ghrian an fhómhair
Nó fiú ar aghaidh mó chroí-se:
Soilsíonn suaimhneas eagna na h-aoise
I seanchnámha an mhadra léith
Agus déantar breá te iad—

Agus mé breá compórdach suaimhneach
Ar mo bhealach chuig an tír is ansa liom—
Ach is cuma sa tsioc,
Nó fiú san fhearthainn
Nó fiú sa tsneachta plúchtach féin:
Is é an t-anam an tír is dual dom.

Anois ag Aeroporto Ciampino di Roma
Tá síorthorann rithimiúil rothaí na gcásanna
Ag fógairt saoirse dochuimsithe na dturasóirí
Ag déanamh ar gach cearn den Eoraip:
Ach is cuma sa tsioc nó sa tsneachta féin
Mar táim saor ó róbhuairt istigh

Agus slán sábháilte ar thalamh mo shínsir.

www.ingramcontent.com/pod-product-compliance
Lightning Source LLC
LaVergne TN
LVHW011412080426
835511LV00005B/494